HISTOIRE NATURELLE

DES

VÉGÉTAUX PARASITES

QUI CROISSENT

SUR L'HOMME ET SUR LES ANIMAUX VIVANTS

PAR

Charles ROBIN,

Docteur en médecine et docteur ès sciences naturelles,
Professeur agrégé d'histoire naturelle médicale à la Faculté de médecine de Paris,
Professeur d'anatomie générale, Ancien interne des hôpitaux de Paris, Élève lauréat à l'école pratique
de médecine, Membre des sociétés de Biologie, Philomatique, Entomologique et Anatomique
de Paris, Correspondant de l'Académie médico-chirurgicale de Stockholm.

ATLAS DE 15 PLANCHES

DESSINÉES D'APRÈS NATURE PAR CH. ROBIN ET P. LACKERBAUER.

A PARIS,

CHEZ J.-B. BAILLIÈRE,

LIBRAIRE DE L'ACADÉMIE IMPÉRIALE DE MÉDECINE,

Rue Hautefeuille, 19.

A **Londres**, chez **H. Baillière**, 219, **Regent-street**.

A NEW-YORK, CHEZ H. BAILLIÈRE, 290, BROAD-WAY.

A MADRID, CHEZ BAILLY-BAILLIÈRE, CALLE DEL PRINCIPE, 11.

1853.

Paris. — Imprimerie de L. MARTINET, 2, rue Mignon.

Fig 1 à 4 - Algue de la bouche. Fig 5 à 7 - Champignon du Muguet. F. 8. Sarcina.

EXPLICATION DES PLANCHES.

PLANCHE I.

Fig. 1. Mucus buccal et *Leptothrix buccalis*, Ch. R., obtenus en raclant la face supérieure de la langue, vus à 460 diamètres. Dans le mucus flottent des lamelles épithéliales (*a*) et (*b*) des globules purulents (globules muqueux), qui nagent dans un liquide finement granuleux.

    c. Masse granuleuse, de teinte légèrement jaunâtre, adhérente à des cellules épithéliales (quelquefois libres) ; elle est hérissée d'un grand nombre de petits filaments (ou *bâtonnets*) transparents, à bords nets qui en naissent et y sont implantés. Ce sont des filaments d'Algue (*Leptothrix buccalis*, Ch. R.) qui commencent à croître et sont sans cesse entraînés par le mouvement de la langue. Quelques uns, droits ou coudés (*h-h*) flottent dans le mucus buccal, où l'on en retrouve toujours, avec les cellules épithéliales, etc. Ils ont 0^{mm},001 d'épaisseur, et 0^{mm},030 de longueur environ (*voy.* p. 345 et suivantes).

Fig. 2. Faisceaux de filaments d'Algue filiforme de la bouche (*Leptothrix buccalis*, Ch. R.) complétement développés au milieu de la substance pulpeuse blanche qui s'accumule dans l'interstice des dents.

    Les filaments ont même largeur que les précédents, et jusqu'à 0^{mm},10 à 0^{mm},20 de long ; réunis en faisceaux plus ou moins droits ou ondulés, lâches ou serrés. L'une des extrémités est ordinairement implantée dans une masse granuleuse (*a*), l'autre montre les filaments éparpillés (360 diamètres).

    d. Bâtonnet ou filament d'Algue très court, vu à 800 diamètres pour montrer de petits granules extrêmement pâles qu'il renferme dans sa cavité.

Fig. 3. Fragment d'une plaque de fausse membrane du Muguet, vu à 360 diamètres, pour montrer que ces plaques sont formées de lamelles épithéliales imbriquées (*a*), plus ou moins masquées par des groupes de spores rondes ou ovales, et par des filaments tubuleux du Champignon (*Oidium albicans*, Ch. R.) entrecroisés en tous sens.

    Les spores (*b b*), habituellement sphériques, quelquefois ovoïdes, sont isolées ou réunies en chaînes de deux à quatre, ou en groupes arrondis ou irréguliers qui adhèrent à la surface des lamelles épithéliales. Elles ont de 0^{mm},004 à 0^{mm},005 en diamètre ; elles sont transparentes, et contiennent quelquefois une ou deux granulations de 0^{mm},0006 à 0^{mm},001, ou une très fine poussière.

    Les filaments tubuleux du Champignon représentés ici n'ont pas encore atteint leur complet développement. Ils sont régulièrement cylindriques, droits ou flexueux ; de 0^{mm},003 à 0^{mm},004 en largeur, et 0^{mm},050 à 0^{mm},070 de longueur. Quelques uns sont déjà cloisonnés d'espace en espace (*d*). Tous contiennent des granules moléculaires dans leur cavité. L'extrémité d'origine est cachée dans les amas de spores et de lamelles épithéliales ; l'autre est arrondie, renflée ou non (*e-e-e*), quelquefois précédée de plusieurs renflements ovoïdes du tube (*g*) : ou bien elle est formée de plusieurs cellules ovoïdes articulées bout à bout (*h*), quelquefois, enfin, c'est une seule grosse cellule ovoïde ou sphérique de 0^{mm},005 à 0^{mm},007, qui termine le filament tubuleux (*i*) (p. 488).

Fig. 4. Portion de la même plaque de Muguet formée de lamelles épithéliales imbriquées recouvertes complétement ou en partie par des spores. Celles-ci adhèrent entre elles et aux plaques par un liquide visqueux. Elles forment des groupes arrondis (*a-a*), ou qui ont la forme des lamelles épithéliales (*b-b*). De ces groupes ou de spores isolées partent quelquefois des tubes qui commencent à se développer (*c-c-c*).

La plaque de Muguet qui a servi à faire ces figures avait été recueillie le troisième jour après l'apparition de la maladie.

Fig. 5. Filaments tubuleux du Champignon du Muguet complétement développés. Ils sont cylindriques, flexueux ; ils ont même largeur que les précédents, et 0^{mm},100 à 0^{mm},600 de long. Tous sont cloisonnés d'espace en espace, et un peu étranglés à ce niveau (*a-a*). Les cellules allongées ou chambres que séparent ces cloisons ont 0^{mm},020 environ de longueur ; un peu plus courtes vers la terminaison du tube (*b-b*) qu'à son origine. Elles contiennent de fines granulations moléculaires, ou quelquefois de une à quatre cellules ovoïdes (*c-c*) très pâles, ayant 0^{mm},005 à 0^{mm},007 de longueur. Ces filaments tubuleux sont ramifiés une ou plusieurs fois (*d-d*) ; les ramifications présentent la même organisation que le tube primitif ; la cavité de leur première chambre ou cellule ne se continue pas avec celle de la tige, mais est simplement en contact ou articulée avec elles (*d-d*). En *e* se voient des ramifications formées par une seule cellule arrondie qui commencent à se développer.

L'extrémité d'origine des tubes est souvent cachée dans un amas de spores qui sont groupées et adhérentes autour d'elle (*f*). Quelquefois on peut l'isoler, alors on voit que la première cellule du tube est un prolongement de la spore d'origine (*g*), dans laquelle un à deux granules sont en mouvement continuel.

En *h* se voient des spores qui ont germé sur une plaque de verre humide.

L'extrémité terminale des tubes complétement développés est arrondie, non renflée, ou formée par une cellule sphérique ou ovoïde volumineuse (*i-i*). Elle est souvent précédée de plusieurs cellules ovoïdes articulées bout à bout (*k-k*) qui représentent probablement autant de spores prêtes à se détacher.

Fig. 6. Diverses formes de l'extrémité terminale des tubes complétement développés, vu comme les précedents à 460 diamètres.

Fig. 7. Spores et extrémités terminales de quelques tubes du Champignon du Muguet, extraites d'un dessin fait en 1841, par M. Montagne, à l'aide de la chambre claire, avec un grossissement de 780 diamètres.

    a-a. Extrémité renflée d'un tube contenant des cellules ou spores. *b*. Extrémité sphérique contenant un granule moléculaire, et tendant à se séparer du tube principal. *c*. Spores libres.

Fig. 8. Elle représente la *Sarcina ventriculi* Goodsir (*Merismopœdia ventriculi* Ch. R.) trouvé dans un liquide rejeté par un malade atteint de vomissements périodiques. Il forme des plaques carrées ou oblongues d'un centième à un cent-vingtième de ligne de diamètre, et dont l'épaisseur est environ un huitième de ce diamètre. A un faible grossissement, les côtés paraissent droits et les angles aigus : mais à un plus fort, les côtés sont sinueux et les angles arrondis.

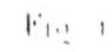

... repérons du poumon, de l'intestin, des œufs, de la plique

Chaque plaque se montre divisée en quatre champs par deux stries qui se croisent à angle droit dans son milieu, et chacun de ces champs l'est également en quatre autres. Les seize champs ternaires, vus à un fort grossissement, paraissent composés chacun de quatre cellules qui se touchent immédiatement. Les cellules sont colorées en brun et leurs interstices sont transparents. Ce végétal se multiplie par division. On ne sait rien de certain sur son origine et sur sa signification pathologique (p. 331).

PLANCHE II.

Fig. 1. Portion d'Algue trouvée croissant sur les nageoires du Poisson doré (*Cyprinus auratus*). Tubes ramifiés, cloisonnés, articulés (*a*), transparents, ayant un peu plus de 0^{mm},010 de largeur. Les cellules articulées bout à bout contiennent des granulations moléculaires (*b-b*) ; en outre, à leur extrémité se voit un noyau vésiculaire transparent, ayant 0^{mm},010 de diamètre environ (*c-c-c*). C'est de l'extrémité des cellules qu'en partent deux ou trois autres qui forment autant de ramifications ; les cloisons du tube ramifié n'ont pas été bien reproduites.

d-d. Tubes très minces non cloisonnés ni articulés, entrecroisés en tous sens, qui sont probablement le mycélium du végétal (p. 392).

Fig. 2. Plante ramifiée et articulée trouvée dans les crachats d'un phthisique atteint de pneumothorax. De semblables à celles-ci furent trouvées dans une caverne pulmonaire de ce malade.

a-a. Rameaux donnant naissance à des spores.

b-b. Spores articulées, ayant de 0^{mm},010 à 0^{mm},014.

c. Spores de formes diverses.

d. Masse granuleuse dans laquelle une des extrémités des tubes était implantée (*voy.* p. 513). Bennett a aussi trouvé entre les dents et les gencives d'un individu atteint de *typhus fever*, une plante semblable à la précédente, mais plus étroite (0^{mm},003 à 0^{mm},006). Le mode de développement paraissait être le même. Les divisions des extrémités étaient moins nombreuses et terminées par une chaîne de spores. De fines granulations moléculaires, de 0^{mm},001, existaient dans les cellules dont étaient formées les tubes, ainsi que dans quelques unes des spores qui étaient allongées.

Fig. 3. Groupe de filaments d'*Higrocrocis intestinalis* (Val.), trouvé dans l'intestin de la Blatte orientale par Valentin (p. 356).

a. Bord de la muqueuse intestinale tapissé d'épithélium.

b. Filaments d'*Higrocrocis* qui en naissent.

c. Filament grossi pour montrer qu'il est composé d'articles arrondis (p. 358).

Fig. 4. Portion d'une plaque de moisissure trouvée dans les poumons du Canard Eider (*Anas mollissima*), vue au microscope.

a. Section de la couche pseudo-membraneuse qui adhérait, par contact, à la muqueuse, et supportait les petits Champignons.

b. Filaments couchés, entrecroisés, dont les interstices sont remplis de spores blanches transparentes.

c-c. Spores réunies en capitules au sommet de filaments redressés.

d-d. Sommet de filaments dépouillés de spores.

e. Spores agglomérées formant des mailles irrégulières à la surface des plaques de moisissures.

f. Spores réunies en masses cylindriques, aussi à la surface des plaques de moisissures (p. 531 et suiv.).

Fig. 5. Représente les filaments articulés, de 0^{mm},005 de largeur, ramifiés, du Dactylium des œufs (*Dactylium oogenum*, Mont.). Champignon trouvé par M. Rayer, sur le jaune d'un œuf entier au moment où il fut brisé. Les filaments qui portent les spores, et les spores elles-mêmes, ont une longueur variable (*a-a-b-b*. Celles-ci ont de 0^{mm},002 à 0^{mm},007 de long sur 0^{mm},001 de large; leur cavité est cloisonnée. Vue à 160 diamètres.

Fig. 6. Filaments et spores du même végétal vus à 380 diamètres.
a. Filament dont les spores sont plus longuement pédiculées qu'à l'ordinaire.
b. Filament fertile, couronné à son sommet par trois spores normalement disposées sur le support *d*; c'est-à-dire partant du même point du filament.
c. Spores presque sessiles, parce que le support *c* est réduit à un seul article.
e. Spore unique à l'état naissant, laquelle, pour cette raison, ne présente encore qu'une cloison (*voy.* p. 543).

Fig. 7, 8 et 9. Champignon qui altère les cheveux dans la plique polonaise, décrit par Guensburg.

Fig. 7. Cheveu dont le centre est rempli par les spores.
a. Spores qui ont fait irruption hors des cheveux.
b. Spores plus grosses pour montrer leur forme ovale, les granules qu'elles contiennent quelquefois, et la manière dont elles se mettent en chaîne articulée.

Fig. 8. Cheveu contenu dans son follicule, et dont la racine est renflée par suite du développement de spores à son intérieur (*a*), quelques unes sont en dehors du cheveu (*b*).

Fig. 9. Cheveu dont le centre médullaire est rempli de spores (*a*), et qui, par suite, s'est fendillé et réduit en fibrilles (*b-b*).
c. Cellules de la gaîne épithéliale des cheveux en partie détachées avec quelques spores à leur surface (p. 417).

Fig. 10. Algue de la levure (*Cryptococcus cerevisiæ*, K.).
a. Champignon de la levure de bière, semblables à ceux que Hannover a trouvés dans l'intestin.
b. *Cryptococcus* développé dans une urine diabétique qu'on avait laissée fermenter (p. 525).

Fig. 11. Groupes de filaments de Champignons du genre *Leptomitus* (Agardi), trouvés par Hannover sur la muqueuse œsophagienne ulcérée, et dans des cas de typhus. Il contient une matière nuageuse et grenue; il n'a pas trouvé les spores.

Fig. 12. Un des filaments plus grossi, pour montrer comment ils se ramifient (p. 562).

Fig. 13. Champignons du genre *Aspergillus* (Mich.), trouvé par Müller et Retzius dans les sacs aériens du *Strix nyctea*.
a. Partie la plus supérieure de la plaque albumineuse qui supportait ces Champignons.
b. Filaments minces non articulés qui se trouvent dans cette plaque, et représentent probablement le mycélium.
c. Fibres simples articulées du Champignon.
d. Fibres articulées dont le sommet est recouvert de spores en forme de capitules.
e. Spores [illegible] (p. 52[?]).

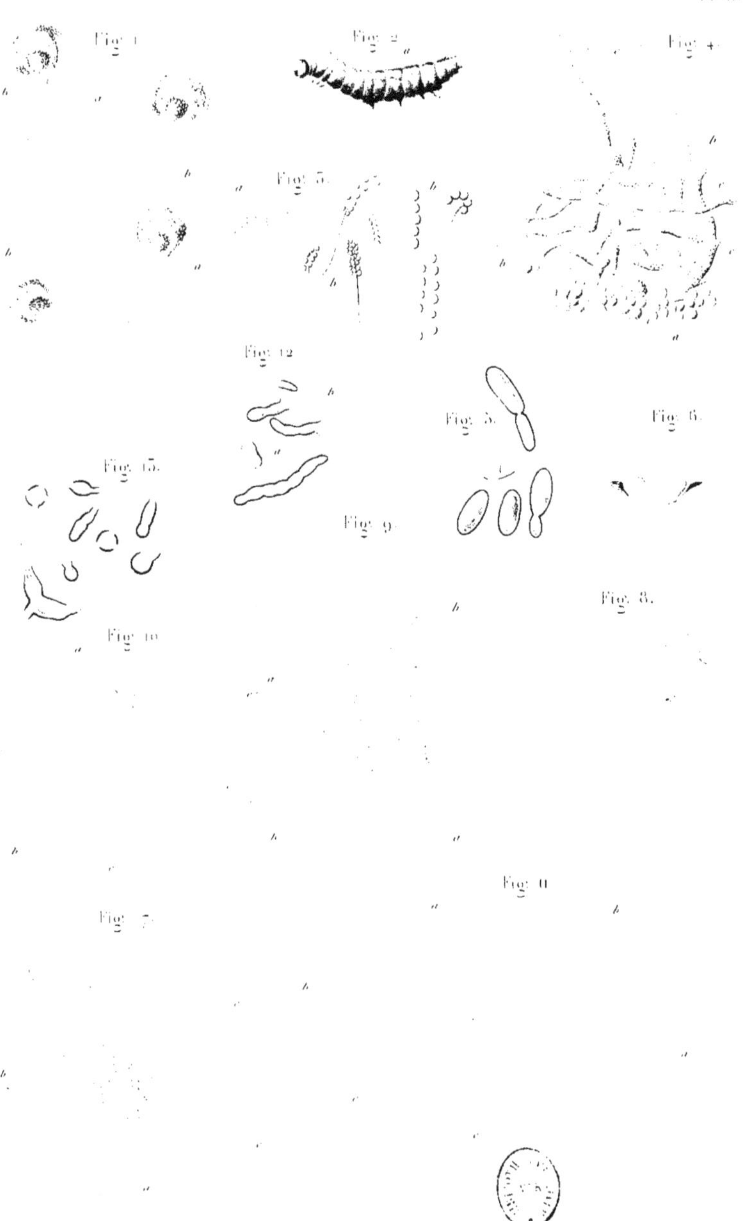

Fig. 1. Champignons des Kystes de l'oreille. Fig. 2 à 4 Ch. de la Muscardine.
Fig. 5. Torula Guttulata en c. Fig. 6 à 13. Ch. de la teigne.

PLANCHE III.

Fig. 1. Filaments tubuleux de moisissure trouvés dans des kystes du conduit auditif externe par Mayer ; grossis de 300 fois (figure empruntée à cet auteur).

a-a. Filaments simples à extrémité arrondie, non renflée ; granuleux à l'intérieur.

b-b. Champignon complet, à extrémité capitulée couverte de spores (p. 537).

Fig. 2 à 4. Champignon de la Muscardine des Vers à soie (empruntées au travail d'Audouin.)

Fig. 2. Ver à soie muscardiné quatre jours avant de faire son cocon , et qui est mort après en avoir filé la bourre. Le *Botrytis* commence à poindre en *a* sur la partie dorsale, particulièrement dans les interstices des anneaux.

Fig. 3. Filaments tubuleux sporifères du Champignon de la Muscardine (*Botrytis Bassiana*, B.) , complétement développé , différemment grossis.

a. Botrytis pris sur une Chrysalide muscardinée ; le végétal sortait par les ouvertures stigmatiques, les anneaux et les plis qui indiquent les ailes. Les tigelles encore courtes sont en pleine fructification.

b-b. Quelques unes de ces tigelles très grossies pour montrer la manière dont s'insèrent les spores, soit à l'extrémité, soit sur les côtés des tiges.

Fig. 4. Thallus ou mycélium le troisième jour de son développement ; il naît d'un petit amas de spores gros comme la tête d'un épingle qui avait été introduit par inoculation sous la peau d'un Ver à soie.

a. Portion de la petite masse inoculée, très grossie. On y distingue beaucoup de spores, et encore quelques fragments de tigelles.

b. c. Thallus qui est sorti de toute part, et qui commence à s'enchevêtrer de manière à former un réseau qui envahit de proche en proche le tissu graisseux, et finit par le remplacer complétement.

b b. Filaments offrant des ramuscules naissants.

c-c. Espèces de bourgeons uni-bi-triloculaires, etc., qui terminent les filaments ou leurs rameaux. Toutes ces parties renflées , et la plupart des filaments renferment une matière granuleuse. Ce n'est que dans les premiers temps de la formation du thallus ou mycélium qu'il est possible de les voir aussi distinctement ; plus tard le feutrage devient inextricable (p. 560).

Fig. 5. *Cryptococcus guttulatus*, Ch. R. Champignon qu'on trouve dans le canal intestinal du Lapin, et qui se rencontre en grande quantité dans le contenu de l'intestin et les canaux biliaires du Lapin. Dans ces derniers ils forment des renflements semblables à des tubercules observés par Nasse, etc. Remak, qui les figure, les a aussi trouvés dans les parois intestinales du Lapin, et dans les plaques de Peyer de l'appendice vermiforme , et dans la paroi de l'intestin grêle. Ici ils formaient des groupes en forme de cônes pointus, nettement limités, évidemment entourés d'une membrane, quelquefois ramifiés en fourche. Ils étaient enfouis exactement et parallèlement dans la muqueuse avec les glandes de Lieberkühn. Kœlliker considère ces vésicules comme les œufs de Bothryocéphale (p. 327).

Fig. 6 à 13. Champignon de la Teigne.

pour montrer sa forme; et l'enveloppe amorphe qui maintient réunis les spores et filaments du Champignon dont l'agglomération constitue le favus.

FIG. 7. Portion de la matière qui forme la couche extérieure des favus, vue à 500 diamètres. On remarque qu'elle est amorphe, finement granuleuse (*a*); qu'elle entraîne, en se détachant de la dépression cutanée (dans laquelle est enclavé le favus), des lamelles épidermiques (*b*) qui adhèrent à la face externe de cette couche. Celles-ci s'en détachent facilement; manquent quelquefois dans une certaine étendue, et ne font pas partie de cette enveloppe. La face interne qui regarde le centre du Favus entraîne des filaments flexueux, ramifiés non cloisonnés, contenant quelquefois de très fines granulations (*c-c*) qui représentent le mycélium du Champignon. Ces filaments sont toujours plus abondants contre l'enveloppe du favus que vers le centre, où ils sont en très petit nombre. L'une de leurs extrémités, ou une grande partie de leur longueur est adhérente à cette matière finement granuleuse.

FIG. 8, 9 et 10. Le centre des favus a un aspect spongieux ; il est en effet moins dense que leur couche externe, et gratté avec la pointe d'une aiguille se réduit facilement en poussière jaunâtre. Celle-ci est composée des éléments représentés par ces trois figures, en proportion différente. On y trouve à peine de ceux de la figure 8, c'est-à-dire de ceux que nous avons comparés au mycélium ; lesquels constituent presque exclusivement les parties du favus rapprochées de la couche externe. Les spores et filaments sporifères des figures 9 et 10 prédominent au contraire.

FIG. 8. Filaments flexueux, ramifiés, non articulés, ayant 0^{mm},003 environ de diamètre. Ils représentent probablement le mycélium.

FIG. 9. Filaments sporifères variant de 0^{mm},004 à 0^{mm},005 en largeur, de longueur variable, composés entièrement ou en partie de cellules ovales ou arrondies, articulées bout à bout (*a-a*) ; quelquefois non articulés, mais renfermant de petits globules sphériques de 0^{mm},002 à 0^{mm},003 environ, qui sont probablement des spores en voie de développement (*b-b*). Ils sont quelquefois ramifiés.

FIG. 10. Spores de formes diverses variant de volume entre 0^{mm},003 et 0^{mm},007 ; libres ou articulés, rondes ou ovales (*a-b*) présentant quelquefois des angles arrondis (*c*) ou de petits prolongements (*c'-c'*). Les spores régulières, rondes ou ovales, sont de beaucoup les plus nombreuses (voir pour celles-ci la figure 11), mais on a réuni ici à dessein en un seul groupe les formes irrégulières qui sont peut-être le résultat d'un commencement de germination.

FIG. 11. Dessin de spores régulières (*c-c*) et de filaments articulés (*a-a*) ou non articulés (*b-b*) des Champignons de la Teigne, fait par M. Montagne à la chambre claire, à un grossissement de 600 diamètres, en 1841.

Les spores renferment quelquefois un ou deux petits granules moléculaires ou une fine poussière (fig. 10). M. Montagne, qui a comparé ce Champignon à ceux du genre *Oïdium* (Link), le désigne dans le dessin qu'il m'a communiqué, sous le nom d'*Oïdium porriginis* (Montagne). Il hésitait encore à en faire un genre particulier ; nous avons vu que Remak en a fait le type d'un nouveau genre (*Achorion*, R.) (p. 440 et suivantes de ce travail).

FIG. 12. Elle représente quelques uns des éléments cryptogamiques d'un Favus que Remak a obtenu par inoculation du Champignon de la Teigne sur la peau de son bras (figure empruntée à cet auteur).

a. Tube sporifère et spore double.

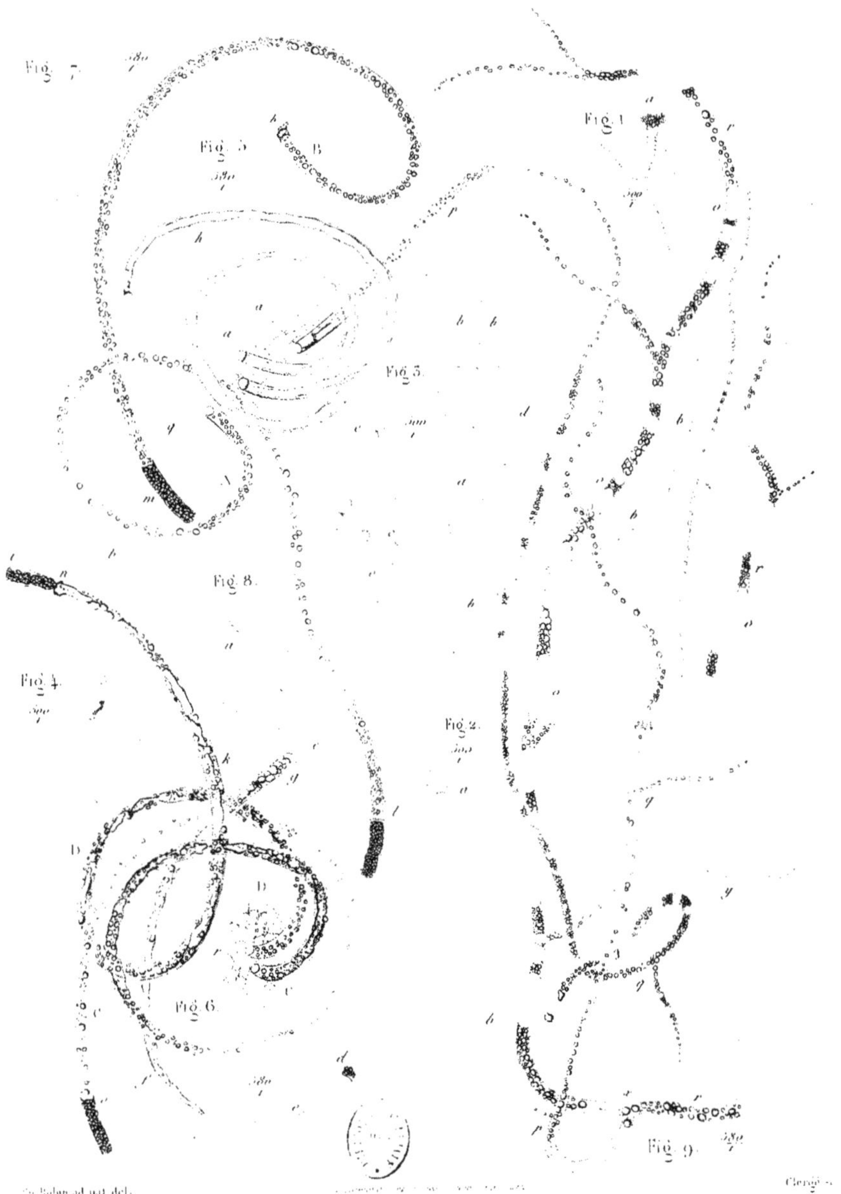

Fig. 1 et 2. Leptothrix insectorum ch. 10.   Fig. 5 et 6. Enterobryus juli-terrestris ch. 5.
Fig. 7 et 8. Champignon du Muguet 8ch.

b. Spores se prolongeant en filaments tubuleux de Champignon.

Fig. 13. Spores du Champignon de la Teigne germant sur une pomme, trois jours après avoir été déposées sur le parenchyme de ce fruit mis à nu (p. 453).

Il n'y a rien dans tout cela qui ressemble à de la matière sébacée, laquelle est caractérisée par des cellules ayant quelque analogie avec celles de l'épiderme quant à la forme ; elles contiennent un gros noyau, qui réfracte la lumière comme les corps gras, et en outre des granulations grasses. On trouve encore dans le *sebum* des granulations et gouttelettes graisseuses, de forme et de volume variables, provenant probablement de cellules détruites. Mais toutes ces substances ont leurs caractères extérieurs propres et leurs caractères chimiques qui n'ont pas la moindre analogie avec ceux du végétal décrit plus haut.

Il n'y a rien non plus dans ce qui est figuré ici qui se rapproche en quoi que ce soit des disques ou globules du sang, des globules du pus normaux ou altérés, *tant par les caractères extérieurs* que par les caractères chimiques et la structure. Il n'y a rien qui ressemble à des fibres ou autres tissus des animaux. Vouloir comparer ces corps à du pus altéré ou à de la matière sébacée, c'est avouer qu'on n'a jamais vu de pus normal ou desséché, ou ayant subi d'autres altérations ; liquide dont les globules, tant qu'ils ne sont pas réduits à l'état de granulation moléculaire, sont reconnus facilement par quiconque les a étudiés dans tous leurs états de développement et de destruction. C'est avouer encore qu'on n'a pas étudié, comparativement au contenu des favus, les croûtes qui se forment dans leur voisinage sur le cuir chevelu ou la peau irrités ou ulcérés. Ces croûtes sont précisément formées de globules de sang et de pus desséchés, de lamelles épithéliales, de granulations ou gouttelettes graisseuses, et mélangées, dans quelques cas, aux spores décrites plus haut (p. 463 et suivantes de ce travail).

PLANCHE IV.

Fig. 1 et 2. *Leptothrix insectorum*, Ch. R., pris dans le rectum du *Ditiscus marginalis*, L. (p. 355).

a-a. Amas granuleux de matières intestinales, sur lesquelles est fixée cette Algue.

b-b. Petites granulations contenues dans le filament.

Fig. 3. Figure de filaments d'une Algue trouvée par Wilkinson dans le *mucus utérin*, et empruntée au travail de cet auteur (p. 367-368).

a. Filament simple (ou primaire) d'après Wilkinson.

b-b. Ramifications (secondaires) de ce filament.

d. Filament traité par l'acide acétique.

e, e. Corpuscules ovoïdes quelquefois pourvus d'un noyau (*e*), que Wilkinson considère comme appartenant à l'Algue, mais qui paraissent être des cellules de l'Algue du ferment (*Cryptococcus cerevisiæ*, Kützing), ceux figurés en *e* du moins.

Fig. 4. Algue du ferment ; *Cryptococcus cerevisiæ*, Kütz.

Fig. 5 et 6. *Enterobryus Juli terrestris*, Ch. Robin. Extraits de l'intestin grêle du Jule terrestre (*Julus terrestris*, L.).

A, B, C, D. Individus entiers et adultes.

FIG. 5. *a-a*. Point d'adhérence à l'épithélium intestinal de l'extrémité inférieure de la cellule filamenteuse qui forme l'ensemble du végétal. Il se montre avec l'aspect d'un cercle arrondi bien limité, plus clair que le reste de la plante.

FIG. 5 *b* et FIG. 6 *d*. Portions d'épithélium intestinal déchirées et entraînées par *b* végétal détaché.

FIG. 6. *d, e, f, g*. Individu détaché et brisé en *g*.

f. Utricule azotée de la cellule filamenteuse revenue sur elle-même.

e. Portion de la cellule filamenteuse vide par suite d'issue du contenu en *g*, et par retrait de l'utricule azotée *f*.

FIG. 5 *h*. Même disposition de l'utricule azotée sur des individus brisés, et devenue visible par suite de son retrait.

FIG. 6. *k*. Petites et grandes gouttes d'huile de formes diverses, qu'on rencontre ordinairement, plus ou moins abondantes, dans la cavité de la cellule composant chaque individu.

FIG. 6. *i, n*. Spores en voie de développement à l'extrémité libre d'une des Algues, dont l'extrémité (*i*) était légèrement renflée.

n, o. Point de contact entre la première spore et le liquide, ou protoplasma de la cellule filamenteuse unique qui forme la partie principale de la plante.

FIG. 5. *l*. Même particularité qu'en *n* et *o*, fig. 6. Il n'y a jamais de cloison de séparation à ce niveau entre la spore et le contenu du filament; la spore est représentée par une masse demi-solide granuleuse, et le contenu est liquide, parsemé de gouttes d'huile.

m. Ligne de séparation des deux spores, contiguës, sans cloison interposée.

a-p. Jeune plante n'étant pas encore roulée en spirale et ne contenant pas de spores.

FIG. 7 et 8. Filaments articulés du Champignon du Muguet (*Oïdium albicans*, Ch. R.), pris chez un adulte. (Dessin communiqué par M. Lebert.)

FIG. 8. *a*. Filament dont les cellules sont granuleuses.

c, b. Filaments dont les cellules sont dépourvues de granulations.

FIG. 9. Filaments de mycélium de Champignon, trouvés dans des œufs de Couleuvre à collier (*Coluber natrix*, L.), pondus depuis huit jours, et dont les enveloppes étaient parfaitement intactes. Les uns contenaient un fœtus encore vivant, d'autres un embryon mort, mais à globules du sang, etc., encore intacts. Une expérience instituée dans le but d'obtenir le développement et la fructification de ce cryptogame, n'a pas réussi; il m'a été, en conséquence, impossible d'en déterminer l'espèce.

o, o. Grandes gouttes d'un liquide limpide légèrement rosé, contenu dans les filaments de ce mycélium.

r-r, x. Gouttes et granulations huileuses en suspension dans le liquide qui remplit les intervalles des gouttes décrites précédemment.

p-q. Ramifications du filament principal.

y, z. Filaments du même mycélium à un moindre degré de développement. Ils ne renfermaient que quelques granulations graisseuses. Ils étaient moins nombreux que les plus développés. Leur diamètre était de 0^{mm},003 à 0^{mm},004; celui des autres était de 0^{mm},005 à 0^{mm},007.

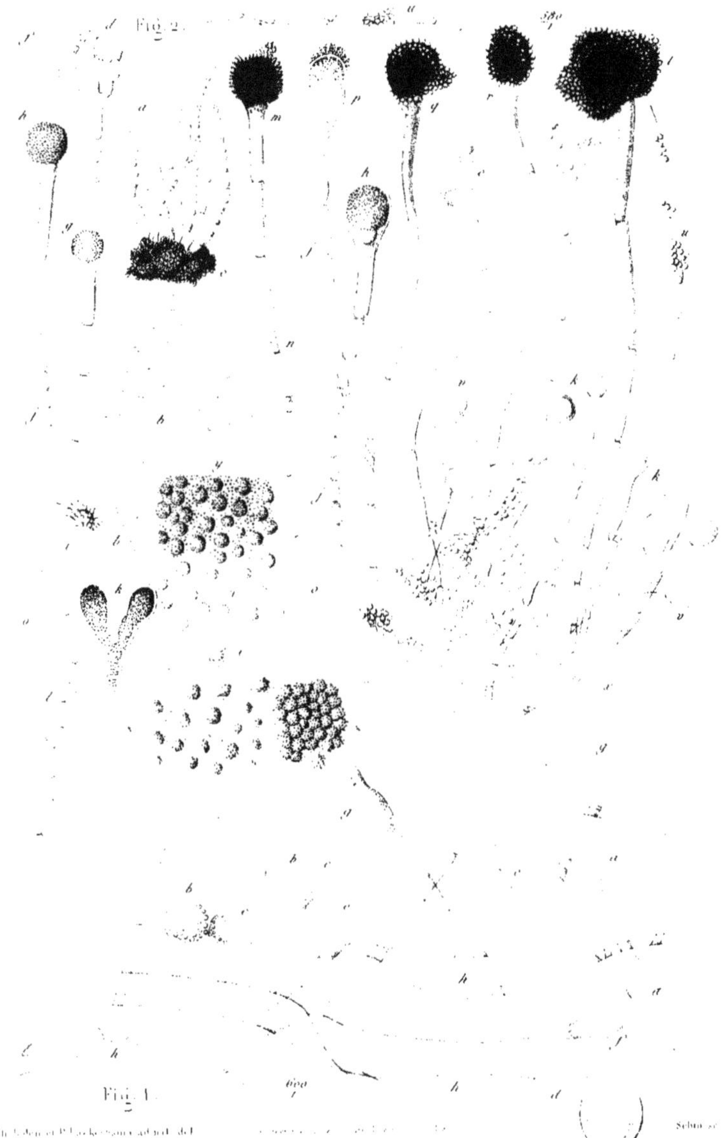

Fig. 1. Algue du Mucus utérin   Fig. 2. Aspergillus nigrescens Ch. R

PLANCHE V.

Fig. 1. Algue de l'utérus (*Leptonitus?*) trouvée sur des granulations du col de cet organe (*voy.* p. 366. Dessin remis par M. Lebert).

a-a. Tubes de mycélium non cloisonnés.

h-h-h. Tubes réceptaculaires, ramifiés, cloisonnés.

e-e. Fines granulations remplissant quelquefois la dernière cellule vers l'extrémité de ces tubes.

b, d, f, g. Spores, toutes pourvues d'un prolongement cloisonné ou non.

f. Spore contenant une goutte albumineuse, claire, homogène.

c-c. Spores libres, pourvues d'un prolongement cloisonné.

b-b. Spores très-granuleuses, adhérentes, avec un prolongement terminal cloisonné.

g-g. Spores adhérentes, peu granuleuses, avec un prolongement dont la cavité est continue avec celle de la spore.

d. Spore en voie de développement, adhérente, cylindroïde, sans prolongement terminal.

Fig. 2. *Aspergillus nigrescens*, Ch. R., nouvelle espèce trouvée sur des productions morbides tapissant les sacs aériens d'un faisan (*Phasianus colchicus*, L , *voy.* p. 518).

a, b-b. Filaments de mycélium, ramifiés, formés de cellules articulées, contenant des granulations moléculaires.

c. Matière amorphe, de nature animale et morbide, à laquelle adhère un faisceau de filaments de mycélium.

f, d. Filament de mycélium plus large que les autres, supportant des cellules sphériques plus ou moins granuleuses ; cette forme de mycélium était rare.

e. Cellules terminales d'un filament réceptaculaire, commençant à se renfler en *capitule*, et sur lesquelles naissent des spores encore ovoïdes allongées.

l, i, i. Filament de mycélium (*l*), duquel partent deux filaments réceptaculaires (*ii*) qui lui adhèrent encore, et dont la cellule terminale renflée en capitule porte aussi de jeunes spores.

g, h-h. Cellule terminale renflée en sphère des filaments fertiles ou réceptaculaires, débarrassée des spores qui en faisaient un capitule. La partie renflée est remplie d'une masse granuleuse sphérique.

j, j, j. Gouttes claires transparentes, remplissant les filaments fertiles lorsqu'ils sont composés seulement d'une ou de deux cellules très allongées, et non de plusieurs articulées bout à bout. Ces gouttes sont contiguës, mais nullement séparées par des cloisons.

k, k, k. Filaments réceptaculaires exceptionnellement bifurqués au sommet, de manière à porter deux capitules au lieu d'un.

o-o. Extrémités de filaments fertiles ou réceptaculaires, devenus libres de leur adhérence au mycélium naturellement ou accidentellement.

p. Réceptacle complétement développé, sur lequel commencent à se développer des spores, en même temps que la cavité du sommet renflé se remplit de granulations. Un peu de matière amorphe granuleuse est interposé aux spores, qui, tant qu'elles adhèrent au réceptacle, sont plus ou moins allongées ovoïdes.

m. Réceptacle couvert de spores, dont quelques-unes, devenues libres, sont arrondies et réunies en groupe.

q. Réceptacle entièrement couvert de spores bien développées et formant capitules ; la couche la plus extérieure des spores est encore régulière, si ce n'est par le côté.

r, t. Autres capitules formés par des spores plus ou moins abondantes couvrant les réceptacles.

u-u. Filaments de mycélium provenant de spores des capitules précédents qui ont germé sans être tombées.

s. Spores libres ; elles sont noires vues à la lumière réfléchie, d'un jaune noirâtre par transparence, homogènes à bords nets.

t, u, v. Filaments fertiles portant des réceptacles qui commencent seulement à naître.

x. Filaments de mycélium entrecroisés, mêlés de spores, tels qu'on les trouve formant des couches ou taches à la surface des plaques pseudo-membraneuses des sacs aériens des oiseaux : c'est de ces filaments que proviennent les filaments fertiles.

y. Substance pseudo-membraneuse formée de petits noyaux granuleux plongés dans une matière amorphe parsemée de granulations : cette substance formait des couches pseudo-membraneuses à la surface interne des sacs aériens (*voy.* p. 523).

z. Substance formant des *plaques circulaires,* dures et saillantes, portées sur les pseudo-membranes ci-dessus (p. 525 et 534). C'est sur les plaques précédentes que croissait l'*Aspergillus nigrescens,* Ch. R. Elles sont formées de substance amorphe granuleuse, tantôt très abondante, tantôt peu, et contenant beaucoup de corpuscules, plus irréguliers que ne l'a indiqué le graveur (qui, par erreur, s'était servi du même dessin pour les deux gravures), corpuscules très-analogues à ceux des tubercules pulmonaires, etc.

PLANCHE VI.

Fɪɢ. 1. *Cryptococcus cerevisiæ,* Kützing (Algue du ferment), rejeté de l'estomac dans des matières vomies. Voyez p. 323 et 325. C'est par erreur que ces pages portent, pl. VIII fig. 1, c'est pl. VI, qu'il faut lire.

a, b, c. Jeunes individus encore attachés à celui dont ils proviennent par germination ou bourgeonnement.

r, e. Corpuscule brillant (*nucleus, vesicula interna*) simple ou double que renferment presque toutes les cellules.

Fɪɢ. 2. *Cryptococcus guttulatus,* Ch. R., espèce s'observant dans l'intestin de divers herbivores (p. 327). La lettre *a,* qui a été omise, désignait l'individu isolé contenant trois grandes gouttelettes claires à bords pâles.

b. Deux individus placés bout à bout, de même grandeur, contenant quatre gouttelettes.

c. Grand individu en portant un deuxième plus petit.

d. Autre en portant deux, dont l'un a déjà donné naissance à un bourgeon *h.*

e. Autre en portant trois, dont l'un en porte un (*f*) plus développé que le bourgeon *h* mentionné précédemment.

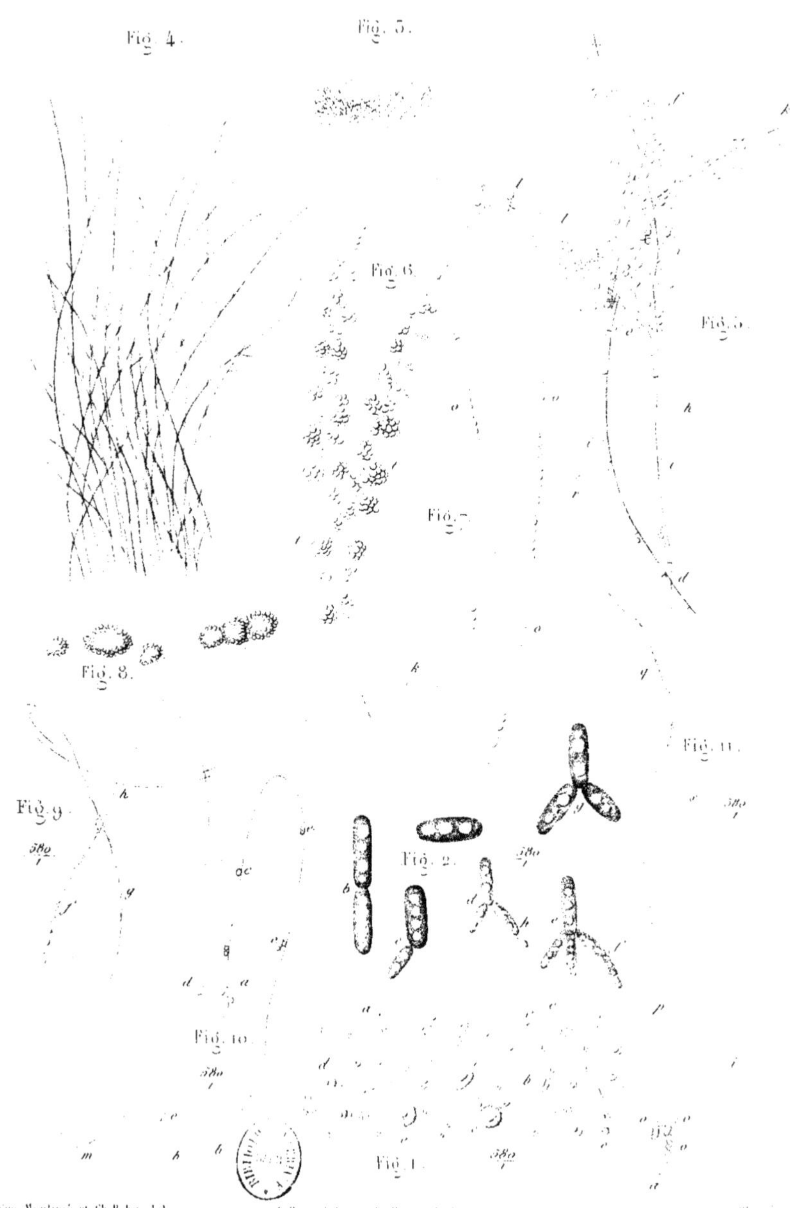

Montagne, Moutinné et Ch. Robin del.

Fig. 1. Cryptococcus Cerevisiæ Kutzing. Fig. 2. Cryptococcus guttulatus Ch. R.
Fig. 5 à 8. Botrytis Bassiana Bals. Fig. 9 à 11. Algues de l'intestin des insectes

Fig. 4, 5, 6, 7 et 8. *Botrytis Bassiana*, Bals., Montagne. Champignon de la Muscardine. Dessins remis par M. C. Montagne, membre de l'Institut.

Fig. 3. Duvet court qui se montre à l'extérieur du Ver à soie, aux orifices des stigmates dans les intervalles des segments, du troisième au dernier jour environ après le transport des sporules d'un individu malade à l'individu sain, ou après l'introduction directe des spores dans les tissus de la larve (p. 576). Ce duvet est formé de filaments tubuleux du Champignon.

Fig. 4. Filaments tubuleux examinés le deuxième jour après leur apparition à l'extérieur. Tous portent des rameaux courts.

Fig. 7. Mêmes filaments très grossis.

o, o. Spores en voie de développement placées dans la cavité de ces tubes, disposées en séries séparées par des intervalles transparents (p. 577).

Fig. 5. Filaments examinés au troisième et quatrième jour.

d. Cloison divisant la cellule tubuleuse en plusieurs chambres ou cellules.

e, f, l, k. Spores isolées ou en groupe de deux à cinq au sommet des rameaux du tube.

h. Spores libres.

i. Spores adhérentes au tube.

Fig. 6. Filaments vus au sixième jour de développement extérieur. Les rameaux sont cachés par les spores devenues nombreuses et réunies en amas sphériques.

t, t. Spores agglutinées formant les amas dont il vient d'être question.

Fig. 8. Peloton que forment les spores et les filaments, quand les filaments mûrs tombent renversés sous le poids des spores, ce qui caractérise alors la période de décrépitude et de dessiccation du végétal.

Fig. 9. *Mouliniea Chrysomelæ*, Ch. R., algue trouvée dans l'intestin grêle de la *Chrysomela tenebricosa* (p. 371).

m. Extrémité du végétal adhérente à une masse amorphe finement granuleuse.

f, g. Gouttelettes claires, transparentes, contenues dans le filament végétal.

h. Bifurcation de celui-ci.

k. Spore terminale contenant deux noyaux ou gouttes brillantes.

Fig. 10. *Mouliniea Gyrini*, Ch. R. Algue trouvée dans l'intestin grêle d'un Gyrin, dont l'espèce n'a pas été déterminée.

a. Point d'adhérence du végétal à une cellule épithéliale , et spores adhérentes au même corps.

b, b. Extrémité libre des filaments.

d. Filament bifurqué.

e, e, e. Spores libres ou encore contenues dans le filament.

Fig. 11. *Mouliniea Cetoniæ*, Ch. R. Algue trouvée dans l'intestin grêle et l'estomac de la *Cetonia marmorata*.

a. Cellule à laquelle adhèrent deux filaments de l'Algue et des spores (o, o, o) dont quelques unes sont contenues dans le filament même.

p, i. Gouttes claires contenues dans le filament.

p. Spore adhérente au sommet d'une ramification.

s. Extrémité d'un filament.

r. Filament brisé et infléchi.

PLANCHE VII.

Botrytis Bassiana, Bals. Mont., Champignon de la Muscardine à divers degrés de développement. Dessins remis par M. Guérin-Méneville.

FIG. 1. Spores à divers degrés de germination sur une plaque de verre humide.

  a, a, a. Spores poussant un filament après rupture de leur tunique externe ou exospore.

  b, b. Spores s'allongeant sans apparence de partie renflée par allongement de toute la spore probablement, ou par suite de chute de l'exospore (p. 576).

  c, c. Spores plus avancées dans leur développement.

FIG. 2. Sang de Ver à soie contenant des spores germées analogue à celle de la fig. 1, *b, b*.

  a, a, a, a. Spores à divers degrés de développement.

  m. Globules du sang de Ver à soie accumulés.

  n. Globules du sang dont une des granulations centrales s'échappe au dehors.

  s. Granulations analogues à la précédente devenues libres (p. 567).

FIG. 3. Sang d'un Papillon femelle encore vivant présentant les mêmes particularités (p. 569).

FIG. 4. Cristaux allongés qui se sont formés pendant la dessiccation de ce sang.

FIG. 5. Sang des Vers à soie morts mais encore mous (p. 570). Il renferme des cristaux cubiques au lieu de cristaux allongés qu'a offerts le sang des Papillons.

  a, b, c. Filaments de mycélium à divers degrés de développement.

  s. Corpuscules sortis des globules du sang, et doués d'un mouvement de sautillement très vif.

  r. Mêmes corpuscules réunis en globules arrondis.

FIG. 6. Sang d'une femelle de Bombyx encore vivante, et pondant ses œufs (p. 573). Il a offert :

  a, b, c. Des filaments de mycélium à divers degrés de développement, et dont plusieurs contiennent déjà des granulations moléculaires.

  s. Des corpuscules sortis des globules en petit nombre, plus des globules entiers.

FIG. 7. Sang d'un Ver à soie mort.

  a, b, c. Filaments de mycélium à divers degrés de développement.

  s. Corpuscules très nombreux sortis des globules du sang.

  r. Mêmes corpuscules réunis en amas sphériques.

FIG. 8. *Monilia* développée sur un Ver mort depuis trois jours (p. 575).

FIG. 9. Champignon de la Muscardine en voie de fructification (p. 562).

  d, e. Articulations des cellules formant le filament principal.

  f, g. Rameau portant des spores.

  l. Spores.

FIG. 10. Sang d'un Ver mort, dépourvu de globules sanguins, contenant beaucoup de gouttes d'huile.

  a. Filaments de mycélium en voie de développement.

FIG. 11. Mycélium d'une autre espèce de Champignon, mais qui ne peut se distinguer de celui de la Muscardine.

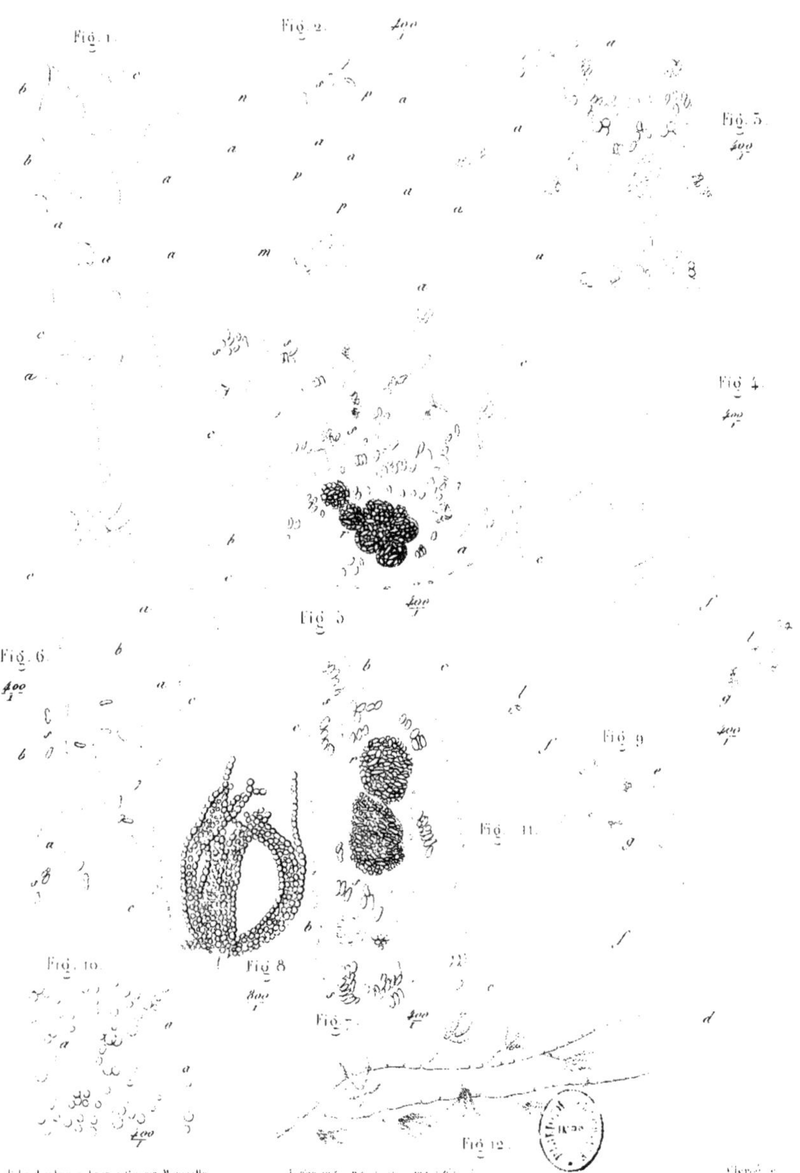

Champignon de la Muscardine

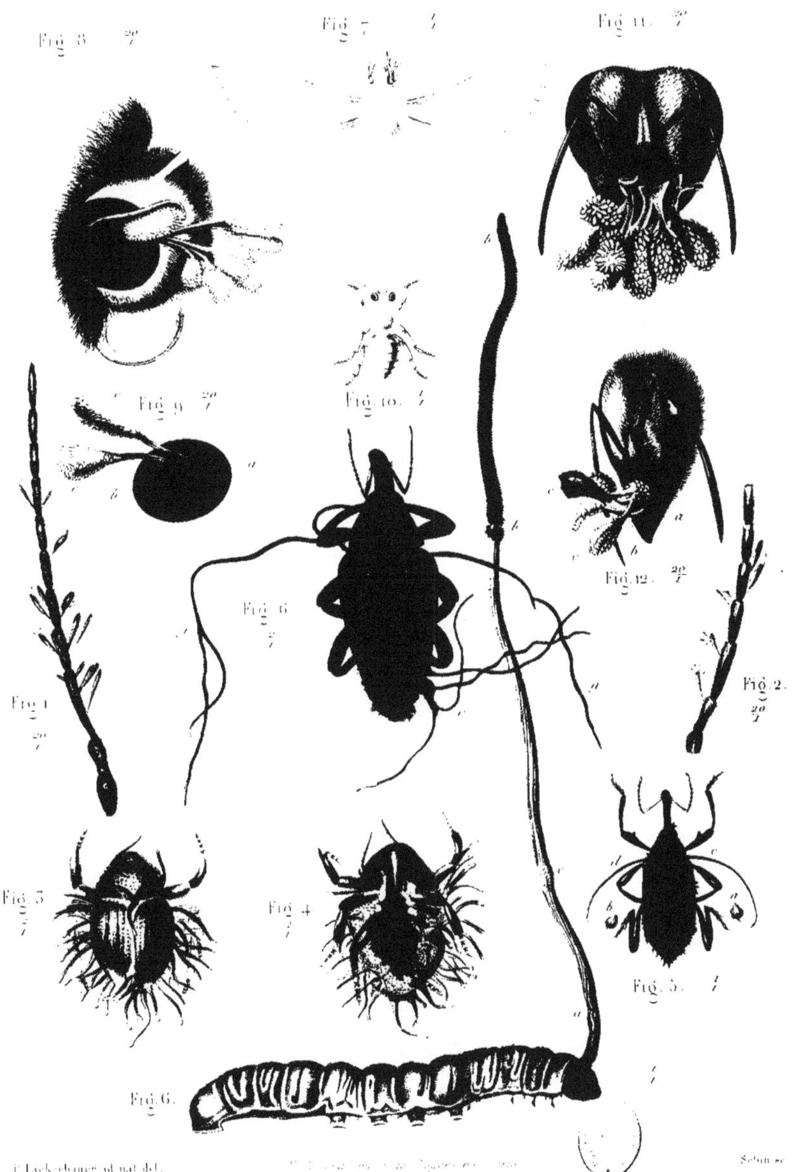

Fig. 1 et 2 Laboulbenia Rougetii Ch. Robin et Mont. sur des antennes de Brachines
F. 3 et 4 Stilbum Buquetii Mont. et ch.r Fig. 5 et 6. Cordyceps entomorhiza Dickson sur des Curculionides
Fig. 6 Cordyceps Robertsii Hooker sur la chenille de l'Hepialus virescens 9.
Fig. 7 a 12. Pollen solide d'Orchidées sur des insectes

Fig. 12. Champignon voisin du Botrytis de la Muscardine, mais en différant, développé sur un Ver à soie mort (p. 570-571).

PLANCHE VIII.

Fig. 1 et 2. Antennes de Brachines portant des *Laboulbenia Rougetii*, Mont. et Ch. R. (p. 623).

Fig. 3. *Picnopus bufo*, Say, portant des *Stilbum Buquetii*, Mont. et Ch. R.

Fig. 4. Le même vu en dessous (p. 640).

Fig. 5. *Heilipus*, portant deux individus de la *Sphæria entomorhiza*, Dikson, insérés exactement de chaque côté de la ligne médiane, sur l'articulation du thorax avec l'abdomen (p. 650).
c, d. Stipes régulièrement recourbés.
a. Conceptacle couvert d'une fine moisissure.
d. Autre conceptacle normal.

Fig. 6. *Heilipus celsus*, Schœnher, portant des stipes stériles du même Champignon, également insérés de chaque côté de la ligne médiane, entre le thorax et l'abdomen.
e, f. Stipes bifurqués.
g. Stipe simple, irrégulièrement flexueux.

Fig. 7. Bombyx d'espèce indéterminée, portant des pollens solides d'Ophrys adhérentes aux yeux (p. 684).

Fig. 8. Tête du même animal, vue du côté droit, grossie pour montrer l'adhérence de ces corps sur l'œil par une base élargie. La masse pollinique est simple ou quadruple.

Fig. 9. OEil gauche du même animal, portant deux masses de pollen solide.
a. Base du *rétinacle* aplatie, circulaire, adhérente.
b. *Caudicule* de la masse pollinique.
c. Masse de pollen solide (p. 685).

Fig. 10. Hyménoptère apiaire portant trois masses polliniques doubles ou quadruples, adhérentes au-dessous des antennes, en avant et au-dessous de la partie antérieure des yeux.

Fig. 11. Tête du même animal grossie pour montrer l'adhérence du rétinacle au *chaperon* ou *épistome* et à ses côtés.

Fig. 12. Tête d'une autre *Apiaire* grossie pour montrer :
a. Le *rétinacle* de la masse pollinique, étalé sur le chaperon et sur ses côtés par suite de sa mollesse ;
b. Le caudicule ;
c-c. Les masses polliniques.

Fig. 13. Chenille d'*Hepialus virescens*, Doubleday, portant une *Sphæria Robertsii*, Hooker, qui sont entre la tête et le premier anneau du corps (p. 655). Cette figure, placée au bas de la planche, porte à tort le n° 6, déjà employé pour désigner l'*Heilipus celsus* au milieu de la planche.
a. Stipe.
b. b. Capitule cylindrique, chargé de petits conceptacles bruns-rougeâtres.
c. Renflement strié ou granuleux du stipe.

PLANCHE IX.

Fig. 1. *Gyretes sericeus*, Laboulbène et Ch. R., portant des *Laboulbenia Guerinii*, Ch. R., sur le thorax et les élytres (p. 624).

    b. Groupes de *Laboulbenia Guerinii*, Ch. R.

Fig. 2. Même animal vu en dessous, pour montrer les Champignons insérés sur le bord des élytres (*a*) et du thorax.

Fig. 3. *Laboulbenia Guerinii*, Ch. R.

    b, b, b. Insertion des *paraphyses* sur une cellule latérale du réceptacle (p. 629).

    o, n-n, z. Sommet des paraphyses réunies en bouquets.

    f. Gangue d'un brun rougeâtre fixant le pédicule du végétal au corps du *Gyretes*.

    g. Extrémité inférieure du pédicule débarrassée de sa gangue d'attache.

    h. Extrémité supérieure du pédicule supportant les cellules dont l'ensemble constitue le réceptacle.

    k. Articulation des deux cellules composant le pédicule; la cellule supérieure est finement ponctuée.

    j. Cellule inférieure du pédicule, généralement dépourvue de ponctuations.

    l, m. Cellules au nombre de six, composant le sommet du support appelé *réceptacle*. Elles renferment des gouttes huileuses et des granulations moléculaires (p. 629 et 636).

    p. Sporange incomplétement développé.

    d. Sporange complétement développé.

    r. Orifice du pore du sommet de chaque sporange, laissant échapper les spores et les filaments qui les accompagnent (p. 635).

    v-r. Faisceau de filaments glauques extrêmement pâles, quelquefois ramifiés, accompagnant les spores dans la capacité du sporange.

    e, t, u. Spores toujours disposées deux à deux.

    e. Sommet triangulaire des spores, offrant un très petit sillon entouré d'un léger bourrelet.

    u. Autre extrémité de chaque spore, élargie en spatule du côté où elle n'est pas jointe à celle qui l'accompagne toujours.

    t. Sillon séparant le contenu de chaque spore en deux moitiés inégales.

Fig. 4. *Hypsonotus clavulus*, Germar, portant des *Stilbum Buquetii*, Mont. et Ch. R., à chaque articulation du corps ou des membres avec le corps (p. 640).

    b. Groupe de *Stilbum*.

Fig. 5. Même animal vu en dessous, pour montrer le mode d'adhérence des Champignons, dont la base est entourée d'une matière muqueuse desséchée.

    a. Tête légèrement renflée de chaque Champignon.

Fig. 6. Chenille indéterminée, venant des Indes orientales, tuée par des Champignons, dont les stipes dressés, terminés en pointe, ne portent pas de fructification, ce qui a empêché d'en déterminer l'espèce. Cette chenille, que je dois à l'obligeance de M. Guérin-Méneville, a été grossie deux fois; c'est par erreur que la planche indique qu'elle est représentée avec sa grandeur naturelle.

    a, b, c. Base des stipes.

Fig. 1 et 2 a-b et Fig. 3. Laboulbenia guerinii Cl. R.
Fig. 4 et 5 a-b Stilbum Buquetii Vg. et Ch.
Fig. 6. Stipes stériles de Champignons sur une chenille.

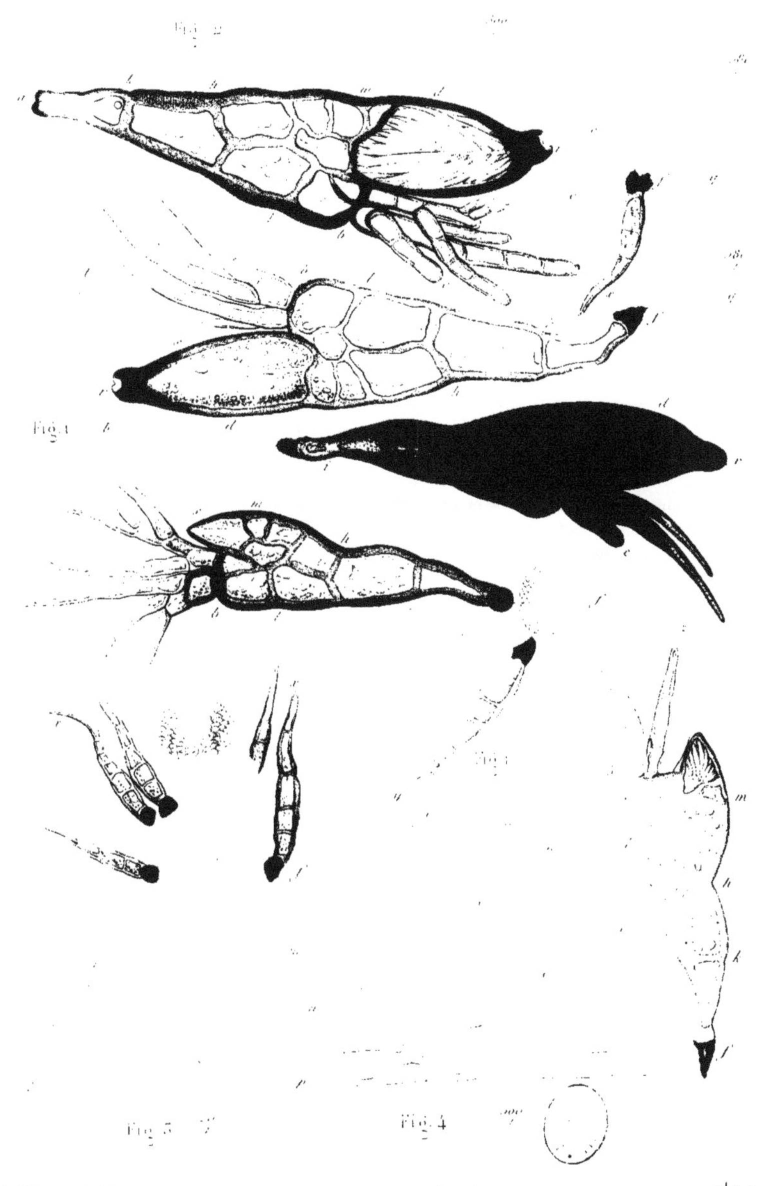

Fig. 1. Leptomitus   Fig. 2. Laboulbenia Rougetii Ch. R. et Mg.
Fig. 3 et 4. Sphæria entomorhiza Dickson

d. Sommet des stipes. Leur structure est celle du stipe de la *Sphæria entomorhiza*, Dickson (voy. p. 651).

PLANCHE X.

Fig. 1. *Leptomitus?* trouvé par M. Gubler sous l'épiderme de la partie dorsale de la main d'un blessé, soumise à une irrigation continue. Dessin communiqué par M. Montagne.

a, b, d. Filaments simples ou ramifiés formés de cellules articulées.

c-c. Spores réunies deux à deux (p. 364).

Fig. 2. *Laboulbenia Rougetii,* Mont. et Ch. R., à divers degrés de développement (p. 623).

f, f, f, f. Gangue très tenace, amorphe, d'un brun rougeâtre, fixant le végétal aux téguments des insectes.

a. Extrémité inférieure du pédicule dépourvue de la gangue.

i. Pédicule dont la cellule inférieure était divisée en deux cavités.

h, h, h, h. Extrémité supérieure du pédicule supportant les cellules qui forment le réceptacle.

k, k, k. Articulation des deux cellules composant le pédicule.

l, m. Cellules au nombre de sept en général, quelquefois de huit, dont la réunion constitue le *réceptacle.*

d, d, d. Sporange.

r, r, r. Orifice ou pore du sommet mamillaire du sporange, et par lequel s'échappent les spores.

d-r, d-r. Sporanges contenant des spores.

d-r-s. Sporange vidé, montrant un contenu granuleux et un filament central presque toujours ramifié, à angle droit, flexible, muqueux, et moins net que ne l'a représenté la gravure.

e. Spores enveloppées d'une matière muqueuse, très pâle, qui les accompagne dans le sporange.

t. Spores réunies les unes aux autres, parallèlement, comme elles le sont souvent après leur sortie, et dont l'une présente un contenu segmenté.

q-q. Spores grossies davantage, et dont l'une laisse échapper son contenu par l'extrémité la plus petite (p. 633).

b, b, b. Point d'attache des *paraphyses* sur le réceptacle, à côté du sporange.

c-c. Sommet des filaments paraphysaires.

x, x, x. Champignons en voie de développement, adhérents aux articles d'une antenne, dans les intervalles laissés libres par les poils.

y. Champignon un peu plus développé présentant déjà deux filaments réceptaculaires.

s. Sporange en voie de développement.

Fig. 3. Coupe médiane du conceptacle de la *Sphæria entomorhiza,* Dickson (p. 652).

n. Point d'adhérence de la paroi du conceptacle avec le stipe.

i. Paroi du conceptacle.

m. Réceptacle saillant dans l'intérieur du conceptacle, et représenté par le prolongement du stipe un peu renflé.

l. Faisceau de thèques disposés régulièrement autour du réceptacle ; ils lui adhèrent par une extrémité, et entre eux se trouve une matière amorphe granuleuse.

k. Faisceau de thèques s'échappant, avec un peu de matière amorphe, par le pore
ou orifice placé au sommet du conceptacle.

p. Cellules étroites, allongées, très adhérentes ensemble, formant la couche la plus
extérieure et colorée du stipe.

PLANCHE XI.

Fig. 1. *Stilbum Buquetii*, Ch. R. Trois individus grossis de trente fois, dont deux
sont soudés par la base de leur stipe (p. 640).

a. Portion du capitule couverte de spores ; elle est finement grenue à sa surface.

b. Portion du capitule composée par des sporophores seulement, sans être recou-
verte par la couche de cellules colorées.

n. Base du Champignon fixé directement aux téguments de l'Insecte , et poils filamenteux mycéliformes qui la recouvrent.

p. Poils roides perpendiculaires au stipe qui hérissent les deux tiers supérieurs de
celui-ci.

q. Goutte d'huile d'un jaune rougeâtre adhérente au capitule.

Fig. 2. Structure de la base du stipe.

d. Cellules filamenteuses très minces, très allongées, incolores, transparentes , non
ramifiées, qui forment le tissu du stipe.

o. Articulations bout à bout de quelques unes de ces cellules.

f. Couche unique ou double de cellules quadrilatères, courtes, colorées en rouge
brun formant une sorte de couche épidermique à la surface du stipe.

h, h. Poils filamenteux, mycéliformes, légèrement colorés en rouge brun, ramifiés,
formés de plusieurs cellules articulées, qui couvrent la base du stipe ; ils pren-
nent naissance sur les cellules brunes rougeâtres précédentes, soit qu'ils constituent un prolongement direct ou ramification de ces cellules , soit que la première cellule du poil s'articule avec une des cellules rougeâtres *épidermiques.*

k. Filament ramifié provenant d'une des cellules allongées qui forment le tissu du
stipe.

Fig. 3. Structure du capitule et de la partie supérieure du stipe.

d, i. Cellules filamenteuses, simples, formant le tissu du stipe.

o. Articulations bout à bout de ces cellules.

f-m. Cellules quadrilatérales, aplaties ou prismatiques, d'un brun rougeâtre forman
la couche superficielle (*épidermique*) du stipe ; elles cessent vers la base du capitule (*m*).

l. Un des poils qui hérissent le stipe, ils sont formés de cellules cylindriques articulées bout à bout, à parois épaisses, et dont la cavité renferme quelques granulations.

c, c. Cellules cylindriques courtes, un peu flexueuses, disposées sur deux rangs su-
perposés formant la partie inférieure du capitule.

g. Troisième rangée des cellules semblables (ou sporophores) dont chacune porte
une spore.

Fig. 4 et 7. Cellules de la partie centrale de la *Sphœria entomorhiza*, Dickson. Elles
sont plus larges que celles de la périphérie, qui sont analogues à celles du stipe du
Stilbum (fig. 3 et 4) ; toutes renferment de fines granulations.

a, b. Articulations par des extrémités de volume inégal que présentent ces cellules.

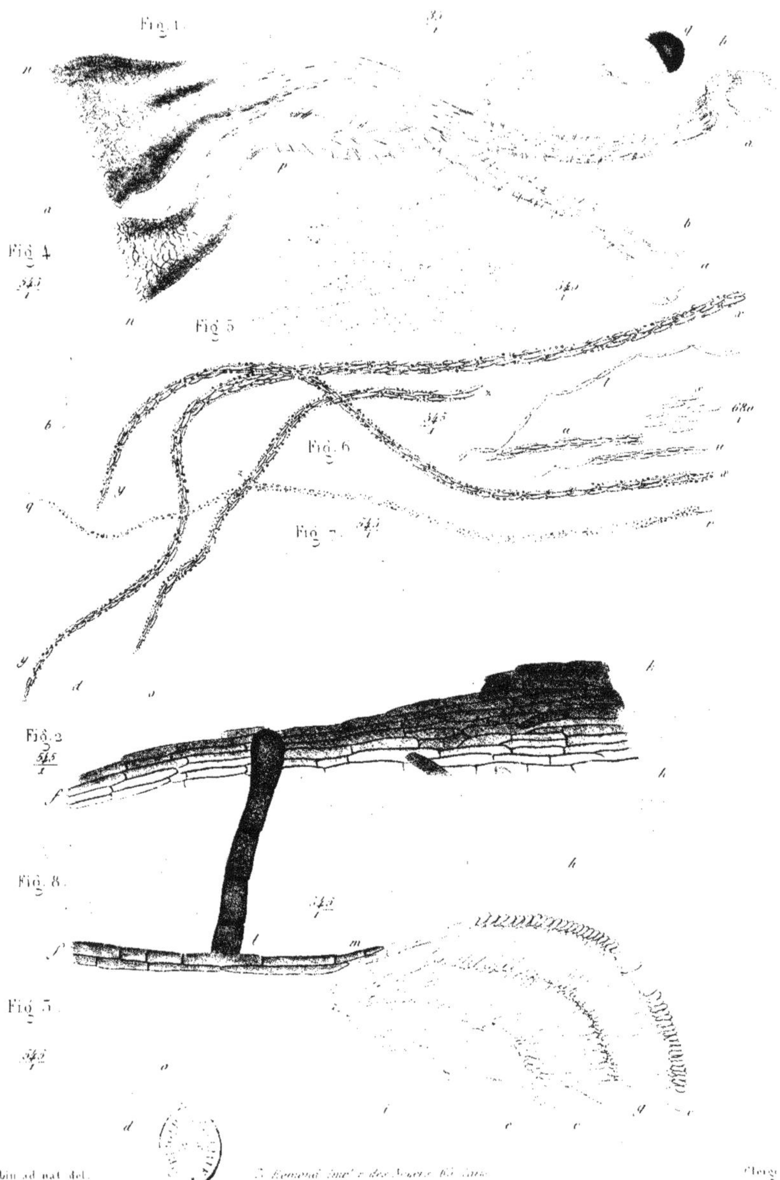

Ch. Robin ad nat. del.

Fig. 1 à 3. Stilbum Buquetii Mg. et Ch. R.
Fig. 4 à 7. Anatomie de la Sphæria entomorhiza Dikson.

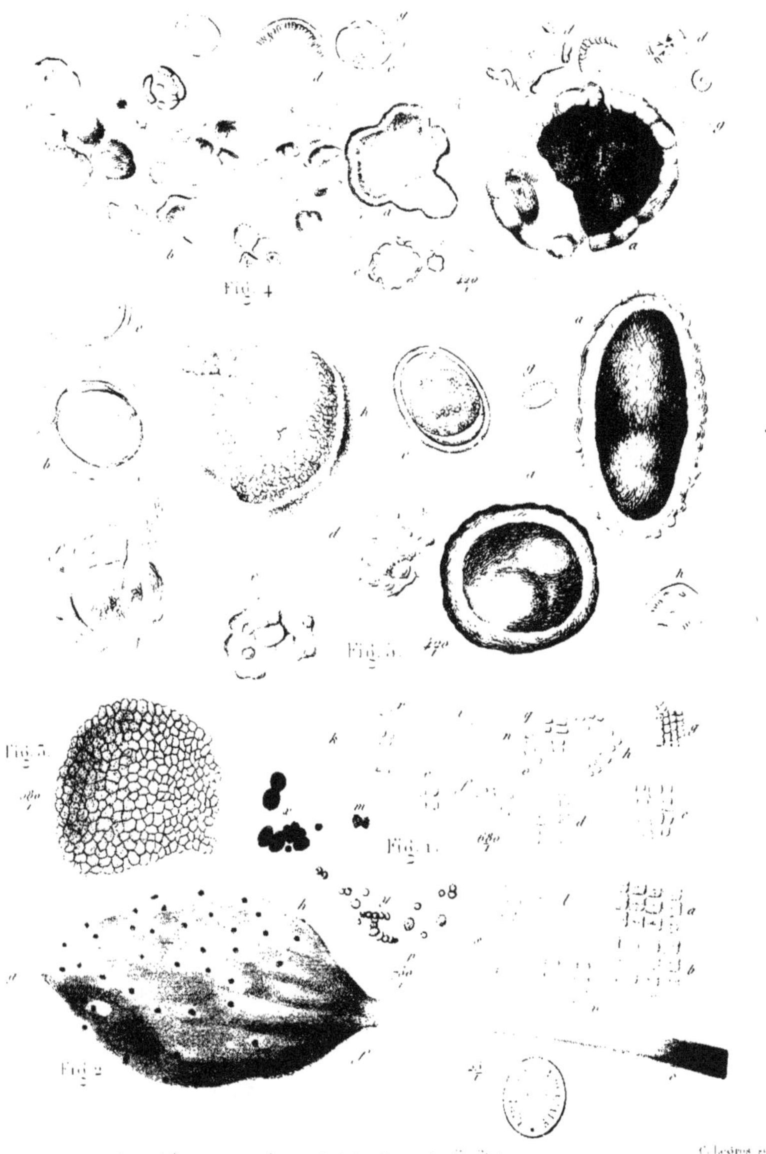

Fig. 1. Merismopedia ventriculi ou k[illegible]. — Fig. 2 et 3. Sphæria entomorhiza [illegible]
Fig. 4 et 5. Corps trouvés dans les déjections du choléra et considérés à tort comme de nature végétale

P. L. de Kerbanec et Ch. Robin del.   C. Legros s[c].

Fig. 5. Cellules ramifiées ou non, entrecroisées, contenant des granulations moléculaires qui concourent, avec les cellules précédentes, à la constitution du réceptacle de la *Sphæria entomorhiza*, Dickson.

Fig. 6. Thèques ou sporanges allongés, et spores du même Champignon.

  q-r. Thèque vidée par l'extrémité la plus large, brisée ; elle ne contient plus que de fines granulations moléculaires. A cet état les thèques sont extrêmement transparentes.

  z, z. Autre thèque bridée incomplétement vidée.

  a-y, x-y. Thèques entières remplies de spores articulées bout à bout, et formant des séries entre lesquelles sont interposées des granulations moléculaires.

  l. Série de spores articulées isolée.

  u, u. Séries de spores au nombre de deux ou trois, sorties telles qu'elles sont disposées dans les thèques.

  s. Spores isolées grossies davantage ; elles sont tout à fait homogènes.

Fig. 8. Cellules bifurquées du centre du stipe de la *Sphæria entomorhiza*, Dickson (page 652).

PLANCHE XII.

Fig. 1. *Merismopœdia ventriculi*, Ch. R. (*Sarcina ventriculi*, Goodsir. Sarcine). Algue dessinée d'après des individus existant dans des matières rejetées de l'estomac par vomissement (p. 351, 332, 336).

  a, b. Masses prismatiques ou cubiques formées par réunion de cellules cubiques à arêtes mousses, dont chaque face est partagée en quatre saillies par deux sillons se croisant à angle droit.

  p, s, v. Masses prismatiques formées par réunion de cellules dont les unes (*p, s*) sont dépourvues de noyaux à l'intérieur (de même qu'en *a, b*), et les autres en renferment, au nombre de quatre sur chaque face (*s, v*) ; quelquefois on n'en voit que trois (*s*). Ces noyaux sont légèrement colorés en rouge brunâtre.

  g. Masse irrégulière constituée d'une manière analogue à la précédente.

  c, d. Masses cubiques composées chacune de quatre cellules un peu écartées et réunies par un peu de substance amorphe interposée.

  e. Cellule isolée présentant les noyaux très distincts.

  f. Masse irrégulière dont toutes les cellules ont trois ou quatre noyaux très distincts.

  h. Autre masse plus irrégulière constituée d'une manière analogue, mais dont plusieurs cellules n'ont que deux noyaux. Celles du centre semblent confondues ensemble.

  q. Cellule de cette masse dont les noyaux sont ovoïdes allongés.

  k. Masse irrégulière constituée par la réunion de plusieurs cellules analogues à celles de la précédente (*h*).

  i. Cellules isolées arrondies ou ovoïdes à deux ou trois noyaux.

  m. Cellule isolée, bilobée sans noyaux.

  n. Cellule isolée, cubique, sans noyaux, présentant les sillons nouveaux croisés à angle droit.

  o. Cellule irrégulière, libre à quatre noyaux.

  r. Cellules sans noyaux faisant partie d'une masse dont toutes les autres cellules sont pourvues de noyau (*k*).

x, g. Matière colorante du sang en grumeaux et en granulations qui était mélangée au Cryptogame.

Fig. 2. Conceptacle de la *Sphæria entomorhiza*, Dickson.

e, f. Partie supérieure du stype d'un blanc jaunâtre, le reste est d'un brun noir tirant sur le rouge (*e*).

g. Pore terminal ou orifice du sporange par lequel s'échappe la substance amorphe qui accompagne les thèques.

h. Petit tubercule brun placé au sommet des petites saillies mamelonnées dont il est parsemé.

Fig. 3. Cellules qui forment les petits tubercules bruns placés au sommet des saillies mamelonnées dont est parsemé le réceptacle (fig. 2, *h*). Cette figure est mauvaise, les cellules qu'elle doit représenter sont analogues à celles de la figure 8, *d*, planche XIII, mais elles sont plus petites et moins régulières.

Fig. 4. Corpuscule du choléra (p. 677).

a. Grand corpuscule du choléra, un peu désagrégé.

b. Fragment du même rompu par pression.

c. Corpuscule moyen.

d. Les mêmes rompus par pression. Grand corpuscule écrasé pour en montrer les parties constituantes.

e. Corpuscules plus petits.

f. Globules de pus dans une masse transparente.

Fig. 5. Grands corpuscules bien développés.

a. Grand corpuscule du choléra.

b. *Id.* montrant un bourgeon complétement détaché.

e. *Id.* incomplétement developpé.

c, d. Le même, un peu au-dessous du foyer pour montrer les cellules de sa surface.

f. Grand corpuscule écrasé, pour en faire sortir le contenu.

g. Petit corpuscule montrant un développement de bourgeons.

h. Corpuscule brisé imparfait du même échantillon.

PLANCHE XIII.

Fig. 1. Cheveu d'un teigneux arraché de son follicule et couvert de spores du Champignon de la teigne (*Achorion Schœnleinii*, Remak) (p. 442 et suiv.).

Le poil devenu cassant est fendillé à son extrémité libre qui était rompue.

a, b. Groupes de spores faisant saillie à la surface du cheveu.

c, c, i. Spores disposées en séries anastomoses ou en plaques à la surface du poil, sur une épaisseur de une ou deux rangées, ainsi que le montre la figure sur les bords du cheveu. Les intervalles des spores sont un peu granuleux.

d. Formes particulières de quelques spores.

e, f. Spores accumulées à la racine du cheveu, comme érodée à pic et fendillée en cet endroit.

g, h. Extrémité de la racine du poil fendillé en lamelles quadrilatères allongées, et présentant quelques spores entre les lamelles (*h*).

Fig. 2. Portion d'une croûte épidermique prise dans le voisinage d'un *favus* ou godet (p. 444, 463 et 475).

a. Orifice épidermique d'une glande sébacée ou du follicule d'un poil de duvet.

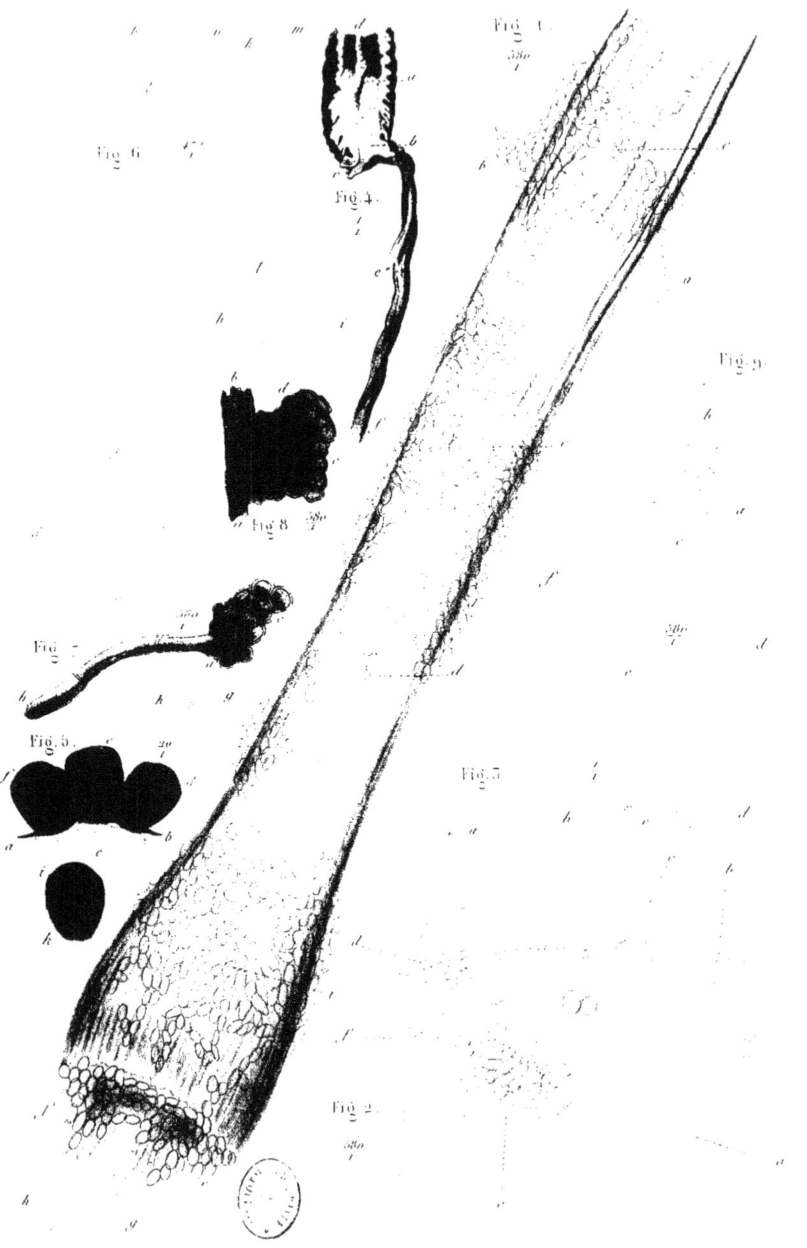

Fig. 1 à 5. Champignon de la teigne (Achorion Schoenleinii Remack
Fig. 4 à 9 Analyse Anatomique du Sphaeria Robertsii Hooker

b, c, d, e, f. Groupes de spores adhérents aux lamelles épidermiques ; les spores sont toujours entourées de granulations moléculaires.

Fig. 3. *Godets* ou *favi* de la teigne de grandeur naturelle (p. 445).

a. Petits favi au nombre de quatre, traversés chacun par un ou deux poils.

b. Le même, vu en dessous.

c. Godet unique offrant deux ou trois cercles concentriques, traversé par trois cheveux.

d. Le même vu en dessous.

Fig. 4. Coupe médiane de la partie antérieure du corps d'une Chenille d'*Hepialus virescens*, Doubleday, pour montrer le mode d'implantation du stipe de la *Sphœria Robertsii*, Hooker, dans les tissus de l'animal (p. 656).

c-d. Tube digestif.

a, b. Mycélium remplissant exactement toute l'épaisseur du corps comprise entre l'intestin et les téguments ; il forme, avec une substance homogène granuleuse, interposée à ses filaments, un tissu homogène, compacte, d'un blanc ou gris jaunâtre.

b-f. Stipe strié en long.

e. Nodosité presque constante du stipe placée à 3 ou 4 centimètres au-dessus de l'origine du stipe. Hooker la regarde comme une trace de bifurcation du stipe.

Fig. 5. Conceptacles grossis (p. 657).

a, b. Fragment de la portion du stipe (ou réceptacle) qui porte les conceptacles.

c. Dépressions du réceptacle correspondant au point d'adhérence de chaque conceptacle.

d, f. Conceptacles munis de leur opuscule qui a une teinte brune plus foncée que celle du reste de l'organe.

g. Opercule vu en dessous.

h. Le même vu de côté.

i-k. Conceptacle isolé ; chacun d'eux porte quelques poils rares, simples ou bifurqués.

Fig. 6. Thèques ou sporanges de la *Sphœria Robertsii*, Hooker.

a-d, b-c. Thèques ou sporanges remplies de spores articulées bout à bout.

a. Opercule d'un sporange offrant un léger sillon à son extrémité libre.

b. Opercule de l'autre sporange qui manque de ce sillon et présente à sa base (au-dessous du bourrelet que présente celle-ci) un petit prolongement ou saillie intérieure.

l-f-g. Filaments au nombre de quatre, sortis de leur sporange ; ils sont composés par les spores articulées bout à bout.

n, k, m. Petites thèques ou sporanges ne renfermant pas encore de spores, mais seulement des granulations moléculaires ; ces thèques sont à ce degré de développement très pâles et transparentes.

k. L'une d'elles dans laquelle commence à se former une série de spores.

k-i. Amas de matière amorphe granuleuse à laquelle adhèrent les thèques par leur petite extrémité.

Fig. 7. Cellules de la surface des parois du conceptacle.

a-b. Poil simple qui part de cette couche de cellules ; il est formé de cellules articulées bout à bout.

c. Cellules polyédriques aplaties, formant la couche la plus superficielle.

Fig. 8. Cellules qui forment l'opercule du conceptacle.

a-b. Cellules allongées, constituant la couche profonde de l'opercule.

c-d. Cellules de la couche superficielle.

Fig. 9. Filaments de mycélium de la *Sphæria Robertsii*, Hooker, et matière amorphe granuleuse qui les accompagne dans l'épaisseur du corps de la Chenille de l'*Hepialus virescens*, Doubleday (p. 655).

a-b. Matière amorphe granuleuse.

c, d, e, f. Filaments de mycélium, simples ou ramifiés, très pâles, contenant des granulations qui font saillie hors des masses de matière amorphe qu'on a extraites et ne sont visibles que dans ces conditions, car les portions de filaments plongées dans la matière granuleuse sont cachées par elles.

PLANCHE XIV.

Fig. 1. Psorospermies du *Gadus callarias*, d'après J. Mueller (ainsi que les fig. 2, 3, 4, 5, 6, 7, 8, 9, 10 et 11, *voy.* p. 309).

l, k. Algues entières dans une cellule ou réunies en groupes.

f, g, h. Psorospermies entières libres.

a, b, c, d, e. Psorospermies dont les deux moitiés sont écartées ou séparées.

Fig. 2. Psorospermies du Brochet (*Esox lucius*, L.).

a. Leur aspect lorsqu'elles sont mélangées avec les fines granulations de leurs kystes (p. 293).

b. Psorospermies isolées.

Fig. 3. Principales apparences des mêmes psorospermies.

Fig. 4. Psorospermies du *Synodontis schal.* (p. 295).

a. Psorospermies vues de face.

b. Psorospermies vues de côté.

Fig. 5. Psorospermies du *Lucio-perca sandra* (p. 295).

a. Psorospermies placées de champ.

b. Psorospermies vues par le bord.

c. Formes rares anormales, parmi d'autres régulières provenant du même kyste.

e. Cellules contenant deux psorospermies.

f. Cellules contenant trois psorospermies.

g. Psorospermies avec de petits points en arrière sur le bord.

h. Psorospermies dans l'intérieur desquelles des germes se développent.

i-k. Psorospermies rares, avec trois vésicules intérieures.

l. Trois psorospermies groupées d'une manière exceptionnelle.

Fig. 6. Psorospermies du *Cyprinus rutilus* (p. 299).

b. Psorospermies isolées, placées sur le plat.

c. Les mêmes placées sur le bord.

d. Forme arrondie des psorospermies.

e. Les mêmes placées sur le bord.

f. Psorospermies à forme ovale, oblongue.

g. Les mêmes placées sur le bord.

Fig. 7. Psorospermies du *Labeo niloticus* (p. 299).

a-b. Psorospermies situées à plat.

Ch. Robin del.

Fig. 1 à 12. Psorospermies diverses. Fig. 13. Puccinia favi. Ardstenet autres.
Fig. 14 et 15. Amas enroulés des Psorospermies du Seriaena umbra Cuv.

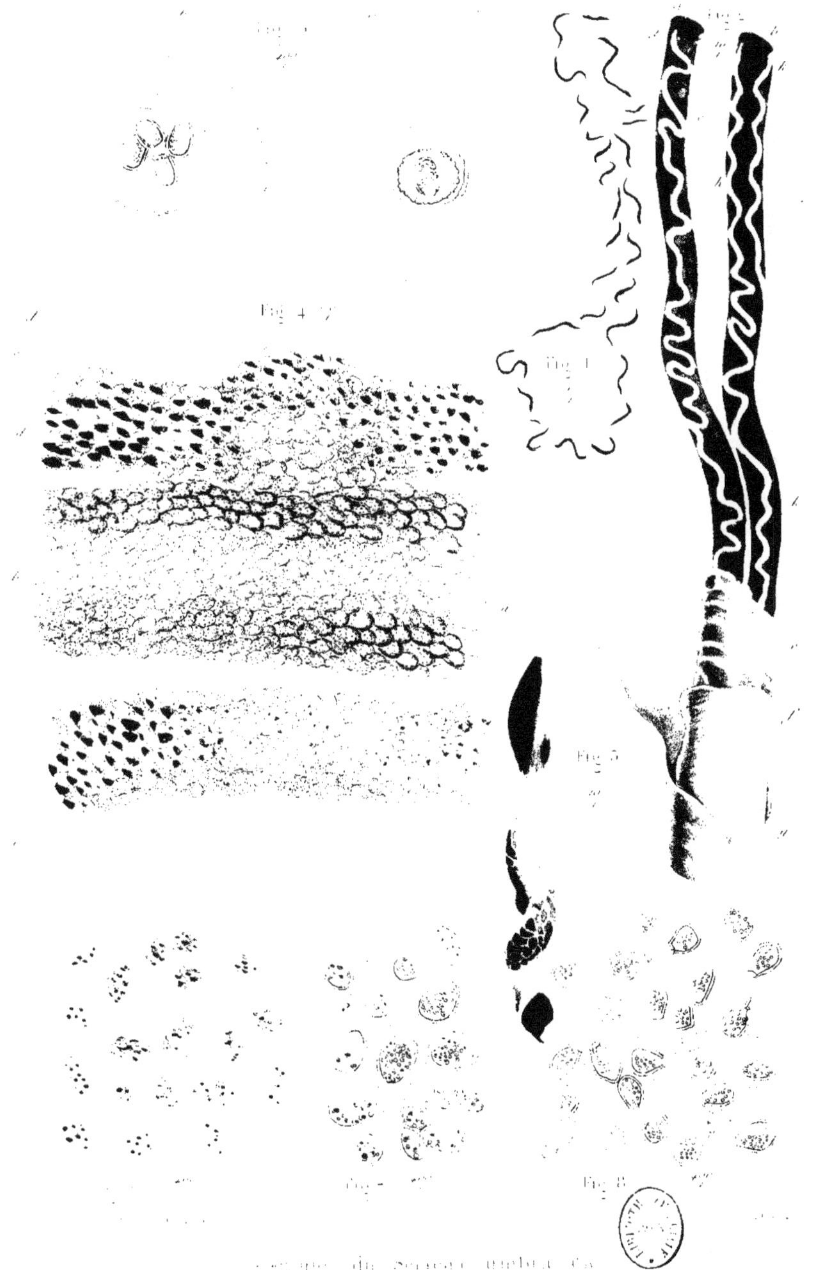

c. Forme anormale.

d. Psorospermies placées sur le bord.

Fig. 8. Psorospermies du *Pimelodus Blochii* (p. 299).

a. Psorospermies situées à plat.

b. Situées sur le bord.

Fig. 9. Branchies du *Catostomus tuberculatus*, sur lesquelles on voit des kystes à psorospermies (p. 301).

Fig. 10. Psorospermies du *Catostomus tuberculatus* (p. 301).

a. Psorospermies vues de plat.

b. Psorospermies vues de côté.

Fig. 11. Psorospermies du *Platystoma fasciatum* et du *Pimelodus Sebæ* (p. 300).

Fig. 12. Psorospermies de l'*Acerina vulgaris*, d'après Creplin (p. 312).

a, b, c, d. Formes normales.

e. Psorospermie fendue dont les vésicules se sont échappées.

Fig. 13. *Puccinia favi*, Ardsten (p. 613).

a, b, c, d, e, f. Formes normales des Puccinies du favus.

b-o, o. Couche homogène qui enveloppe les deux cellules qui forment le corps du Champignon, et se perd vers la cellule plus étroite aplatie qui forme le pédicule de ce Cryptogame (p. 615).

g h. Forme anormale de la *Puccinia favi*, Ardsten.

i. *Puccinia alliorum*, Corda (p. 618), pour montrer son analogie avec celle du favus.

k, l. *Puccinia virga-aurea*, Corda (p. 618).

m, n. *Puccinia polygonorum*, Corda (p. 618) (dessins empruntés au travail d'Ardsten).

Fig. 14. Psorospermie du *Sciæna ombra* (*Psorospermia Sciænæ umbræ*, Ch. R.), réunies en colonie filamenteuse enroulée de manière à former un peloton, qui est représenté ici de grandeur naturelle, mais qui prend quelquefois le volume d'un gros œuf (p. 314).

Fig. 15. Coupe du peloton représenté figure 14.

PLANCHE XV.

Psorospermies du Sciæne, Algues unicellulaires réunies en colonies et isolées.

Fig. 1. Colonies entourées d'une gaîne de tissu cellulaire injectée au mercure, afin de montrer que chaque cordon formé par ces colonies est continu, disposé en cercle.

Fig. 2. Colonies de la variété jaune et de la variété blanche disposées en filaments qui s'accompagnent et sont entourées d'une gaîne de tissu cellulaire continue, susceptible d'être injectée, qui en fait un cordon unique.

a, b. Filaments formés par des *Psorospermies du Sciæne* de la première variété, ou *Psorospermies jaunes sans opercule.*

d, c. Deux filaments très petits d'un blanc opaque qui accompagnent le filament jaune (*a*) plus gros, et sont formés par les Algues de la deuxième variété ou *Psorospermies blanches.*

h, k. Deux filaments blancs demi-transparents qui accompagnent un des filaments formé de *Psorospermies jaunes sans opercule* (*b*), mais ne renferment ordinairement pas trace de *Psorospermies blanches*, et ne sont formés que de matière amorphe, granuleuse, transparente (p. 317).

e, *f*, *g*. Gaîne de tissu cellulaire, que la dissection sépare facilement en trois couches qui glissent l'une sur l'autre.

FIG. 3. Colonie de *Psorospermies du Sciæne* de la troisième variété ou *Psorospermie jaune à opercule*, accumulées en amas bruns entourés de tissu cellulaire parcouru par quelques capillaires (p. 315).

FIG. 4. Fragment du cordon *a*, *d*, *e*, de la fig. 2, examiné à 300 diamètres, pour montrer la disposition des psorospermies accumulées. On a choisi un endroit où le filament ou cylindre de la variété jaune était plus étroit qu'à l'ordinaire.

a, *b*. Psorospermies de la variété jaune sans opercule, formant le filament central le plus gros.

c. L'un des filaments formés par les Psorospermies de la variété blanche ; il est toujours tout à fait rectiligne ou à peu près (voir aussi fig. 2, *c*).

d, *d*. L'autre filament blanc constitué par des Psorospermies de la variété blanche ; il est toujours flexueux (*d*) (voir aussi fig. 2, *d*).

e, *e*. La plus interne des couches de tissu cellulaire de la gaîne, les fibres sont très fines, presque parallèles, parsemées de beaucoup de granulations moléculaires.

FIG. 5. Psorospermies de la troisième variété, ou *jaunes* à opercules, entourées de tissu cellulaire, de manière à former de petits grains blancs, réunis eux-mêmes plusieurs ensemble en amas visible à l'œil nu, et blanchâtres. Chaque grain contient de une à douze Psorospermies environ.

a. Psorospermie unique. Son opercule est renversé dans l'orifice qu'il bouchait.

c. Couche calcaire fendillée au bord, entourant immédiatement la *Psorospermie*. Cette disposition est assez fréquente. Le tissu cellulaire dont les fibres s'entourent concentriquement enveloppent le tout; le tissu est parsemé de granulations moléculaires.

b. L'un des opercules des quatre Psorospermies contenues dans un autre grain dépourvu de couche calcaire centrale. Entre les Psorospermies se trouve un peu de substance amorphe granuleuse et le tissu cellulaire amorphe (disposé comme en *c*) enveloppe le tout.

FIG. 6. Psorospermies de la *première variété* ou *jaunes sans opercules*, venant du filament *a-b*, figure 4. Elles ont une paroi assez épaisse avec un contenu liquide, tenant en suspension des gouttes d'huile jaunâtre et granulations moléculaires. Elles ne sont accompagnées que de fins granules moléculaires.

FIG. 7. Psorospermies de la première variété ou blanches. Elles sont généralement un peu plus grosses que les précédentes, de même structure, mais blanches, et l'huile de leurs granulations intérieures est blanche. Des granulations et des gouttes d'huile assez volumineuses les accompagnent.

FIG. 8. Psorospermies de la troisième variété ou jaunes à opercules, isolées, tirées du groupe ou colonie représenté figure 3. Elles sont un peu plus petites que les précédentes, moins régulièrement ovoïdes, plus foncées, brunâtres, accompagnées de fines granulations moléculaires. Leur contenu est liquide, tenant aussi des granulations et des gouttes huileuses en suspension. L'opercule tombe avec facilité et flotte avec les granulations extérieures, mais le contenu s'échappe difficilement.